ANTIPASTI

raffiniert und lecker

BELLAVISTA

www.karl-mueller-verlag.de

ISBN 3-89893-548-5

Text und Rezeptfotos: Teubner Studio, Füssen

Layout: Marabout, Paris

Übersetzung: Jens und Antje Bommel

Lektorat: Adriane Andreas

Druck und Bindung: sachsendruck GmbH, Plauen

Printed in Germany

Oliven & Kapern

Oliven

Die Früchte des Ölbaumes, einer der ältesten Kulturpflanzen des Mittelmeerraumes, werden überwiegend zur Ölgewinnung genutzt, doch geht auch ein nicht unerheblicher Teil der Ernte als Speiseoliven in den Handel. Speiseoliven sind meist größer, fleischiger und weniger fetthaltig als jene für die Ölherstellung. Sie kommen als Antipasto auf den Tisch oder verleihen diversen italienischen Gerichten Geschmack und Würze.

Reifegrade

Der lichte, immergrüne Baum mit den schmalen, silbriggrün schimmernden Blättern ist äußerst anspruchslos und begnügt sich mit wenig Wasser. Ölbäume können mehrere hundert Jahre alt werden. Zwischen Oktober und Dezember werden die Oliven geerntet, wobei es sich bei den verschiedenen Färbungen nicht um unterschiedliche Sorten handelt, sondern um verschiedene Reifegrade. Unreif sind sie grün, dann verfärben sie sich langsam in Richtung violett, bis sie, völlig ausgereift, ganz dunkel, beinahe schwarz sind. Allerdings schmecken sie unterschiedlich: Grüne Oliven sind meist milder, die dunklen, stärker fermentierten Oliven eher würziger.

Roh nicht genießbar

Oliven können nicht frisch verzehrt werden. Wer eine vom Baum pflückt und kostet, wird herb enttäuscht: Sie schmecken roh nur bitter. Bevor sie verzehrt werden können, ist erst einmal eine Spezialbehandlung erforderlich. Zunächst werden die Steinfrüchte in eine alkalische Lösung (Natronlauge) eingelegt, um ihnen die Bitterstoffe zu nehmen. Dann kommen sie in eine Salzlake, um sie zu konservieren.

Kapern

Diese kleinen, dunkel- bis olivgrünen »Früchtchen« sind in Wirklichkeit die eingelegten Blütenknospen des Kapernstrauches, der im Mittelmeerraum an warmen Felswänden oder Mauern gedeiht. Die Zweige dieses dornigen Strauchs werden bis zu 4 m lang. Die langstieligen Knospen sitzen in den Achseln der Blätter und müssen in mühevoller Handarbeit einzeln geerntet werden, noch bevor sie aufplatzen, denn in der Küche finden nur fest geschlossene Knospen Verwendung, nicht aber die weiß-rosa Blüten. Nach der Ernte lässt man die Knospen über Nacht welken. Dabei läuft ein biochemischer Prozess ab, der den Kapern ihren spezifischen Geruch und die angenehme Schärfe verleiht.

Kapern in Essig oder in Salz?

Je nach Konservierungsmethode ändert sich das Aroma der Kapern: So schmecken in Essig eingelegte Kapern sehr sauer und sind als Zutaten für italienische Gerichte ungeeignet; sie würden den Geschmack der Gerichte völlig verfälschen. Man kauft also besser in Salz eingelegte Kapern, die man in Feinkostgeschäften bekommt. Am begehrtesten sind die kleinen Knospen, da sie besonders viel Geschmack haben. Vor dem Gebrauch muss man von eingesalzenen Kapern das Salz gründlich abschütteln, oder man wässert sie 10 bis 15 Minuten und wechselt dabei mehrmals das Wasser sonst sind sie zu salzig.
Kapern passen gut zu Fisch oder zu Kalbfleisch, man denke nur an »vitello tonnato«. Sie sind aber auch eine wichtige Zutat für diverse Pastasaucen oder Salate. In Salz eingelegte Kapern halten sich im Kühlschrank sehr lange. Die Qualität kann man übrigens an der Farbe des Salzes überprüfen: Ist es reinweiß, sind die Kapern einwandfrei, hat das Salz eine gelbliche Farbe angenommen, sind sie schon etwas älter und sollten durch neue ersetzt werden.

Kapernfrüchte

Die »capperone«, auch Kapernäpfel genannt, werden im Süden ebenfalls sehr geschätzt. Es sind die Früchte des Kapernstrauches, die mitsamt dem Stiel in Essig oder Öl eingelegt werden. Serviert werden sie als Antipasto, ähnlich wie eingelegte Oliven.

1

2

1 Zu solch filigranen Blüten entfalten sich die Kapernknospen, wenn man sie lässt. Allerdings dauert die Pracht nur einen Tag.

2 Kapernernte auf Salina, einer der Liparischen Inseln vor der Nordküste Siziliens. Die geschlossenen Blütenknospen des Kapernstrauches werden jeden Morgen Knospe für Knospe abgezupft, aber nur, wenn sie die richtige Größe erreicht haben. Kapern guter Qualität sind handverlesen, geöffnete Exemplare und zu große Knospen werden aussortiert.

3 Kapernfrüchte in Essig eingelegt schmecken gut zum Aperitif. Kapernknospen sollten hingegen in Salz eingelegt werden, denn in Essig sind sie für viele Gerichte schlicht zu sauer.

3

Olivenöl

Olivenöl ist die Seele der italienischen Küche. Der Geschmack hängt vor allem vom Klima in der Region ab, aus der es stammt. Außerdem sind die unterschiedlichen Olivensorten, die Bodenbeschaffenheit, die Entfernung der Bäume zum Meer, ihr Alter sowie der Erntezeitpunkt wichtige Kriterien für die Aromaentwicklung des Öls. Insgesamt sind die Öle des Nordens milder und heller als die Öle des Südens.
Bei den Olivenölproduzenten nimmt Italien nach Spanien weltweit den 2. Platz ein. Im Land selbst ist es der Süden, der das meiste Öl herstellt. Qualitativ haben sich vor allem die Öle aus Mittel- und Norditalien einen Namen gemacht, obwohl es auch im Süden ausgezeichnete Öle gibt.

Die Klassifizierung
Seit 1991 ist EU-weit geregelt, dass »natives Olivenöl extra« die beste Ölqualität bezeichnet. Um sie zu erreichen, darf das Olivenöl nicht mehr als 1 Prozent Fettsäure enthalten und muss durch kalte Pressung und ohne chemische Zusätze gewonnen werden. »Natives Olivenöl« ist naturbelassen und darf maximal 2 Prozent Ölsäure enthalten. Steht nur die Bezeichnung »Olivenöl« auf dem Etikett, so handelt es sich meist um eine Mischung aus raffiniertem und nativem Öl. Um den typisch italienischen Gerichten einen authentischen Geschmack zu verleihen, kommt natürlich nur das Beste in Frage: Natives Olivenöl extra.

Ernte und Ölgewinnung
Für die beste Qualität werden die Oliven handgepflückt und -verlesen. Geschmacksfanatiker verzichten sogar auf das Waschen, was aber nur bei ungespritzten Oliven in Frage kommt. Schonend ist auch die Ernte mit dem Kamm, bei der die Oliven vom Zweig gestreift werden. Die nicht erreichbaren Früchte werden dann mit Stangen von den Bäumen geschlagen. Sind die Oliven geerntet, müssen sie binnen 3 Tagen gepresst werden.

1 Zum Ernten der Oliven braucht man nicht selten eine hohe Leiter, vor allem bei großen, alten Bäumen wie hier in Badalucco, im ligurischen Valle Argentina bei Imperia.

2 Die kleinen Taggiasca-Oliven gedeihen in einer Höhe zwischen 300 und 700 m über dem Meer. Sie haben ein mild-fruchtiges Aroma; vollreif sind sie rötlich-schwarz.

3 In einem Netz aufgefangen werden die Oliven, die hier mit Stangen aus Kastanienholz von den Bäumen geschlagen wurden. Dabei muss man allerdings sehr vorsichtig sein, um die Früchte nicht zu beschädigen.

4 Möglichst unverletzt sollten die Oliven sein, um die bestmögliche Ölqualität zu liefern. Geerntet werden sie meist noch vor der Vollreife, des besseren Geschmacks wegen.

5 Nach traditioneller Art werden die Oliven mitsamt den Steinen von Mühlsteinen aus Granit zermahlen. Der Brei wird dann etwa 3 cm dick auf runde Matten ausgestrichen.

6 Lage um Lage schichtet man die Matten aus Kokosfasern mit dem Olivenbrei übereinander, wobei dazwischen immer wieder Metallplatten für Stabilität sorgen.

7 Schon durch das Eigengewicht beginnt etwas Öl herauszutropfen. Dieses erste Öl, das so genannte Tropföl, ist das wertvollste und teuerste aller Olivenöle.

8 Gelbgrün und zähflüssig ist das Ergebnis der Pressung des Olivenbreis und der anschließenden Zentrifugierung, durch die sich Öl und Wasser trennen.

Aceto – Essig

Die Verwendung von Essig zum Haltbarmachen und Aromatisieren von Speisen hat eine lange Tradition, die bis in die Antike zurückreicht. In der Küche gebraucht man Essig bis heute nicht nur für Salate, sondern auch für »sott' aceti«, in Essig eingelegtes Gemüse, und zum Marinieren von Fleisch oder Fisch.

Wie Essig entsteht

Essig entsteht, sehr vereinfacht gesagt, wenn eine alkoholhaltige Flüssigkeit mit Luft in Berührung kommt. Wenn Essig jedoch zu lange offen stehen bleibt, geht der biochemische Prozess weiter, vor allem, wenn der Essig einen relativ niedrigen Säuregrad hat. Dann wird die Essigsäure wieder umgewandelt und zerstört. Milde Essigsorten mit bis zu 5 % Säure sind weniger lange haltbar als etwa Weinessige mit einem Säuregehalt von 6 bis 7 %.

Obst- und Weinessige

Italienische Köche verwenden vorzugsweise Weinessig, aber auch Obstessig spielt eine gewisse Rolle. Die relativ milden Obstessige verfeinern, sparsam dosiert, diverse Saucen und schmecken zu gegrilltem Fleisch oder zu Fisch. Auch Salaten geben sie zusätzlichen Geschmack, so passt etwa ein Himbeeressig vorzüglich zu bitterem Blattsalat wie Radicchio. Beim Weinessig, dessen Säuregehalt in Italien per Gesetz auf mindestens 6 % festgelegt ist, unterscheidet man zwischen »aceto di vino rosso« und »aceto di vino bianco«. Letzteren veredelt man in Italien gerne noch weiter zu »aceto aromatico«, und zwar durch Zugabe von frischen Kräutern und Gewürzen, wie zum Beispiel Dill, Estragon, Lorbeer, aber auch Basilikum, Peperoncini oder Knoblauch.

Aceto balsamico

Balsamico-Essig ist in letzter Zeit auch bei uns in Mode gekommen. Hergestellt wird er vor allem in der Gegend um Modena, in der Emilia-Romagna sowie in Kalabrien, und zwar aus gekochtem, stark zuckerhaltigem Traubenmost. Allerdings gibt es hier große Qualitätsunterschiede: Ein »echter« Balsamico hat mehrere, mindestens jedoch drei Jahre Reifezeit hinter sich, und er wird mit zunehmendem Alter immer besser, aber auch teurer.

Aceto balsamico tadizionale di Modena

Er ist der beste, berühmteste und teuerste Balsamico-Essig und schon eher ein Gewürz als ein Essig im herkömmlichen Sinn. Er hat eine sirupähnliche Konsistenz und einen unvergleichlich milden, süß-sauren Geschmack. Einem Aceto bal-

samico tradizionale darf nichts zugesetzt werden, sowohl die tiefdunkle Farbe als auch den ihm eigenen Geschmack gewinnt er allein durch einen natürlichen Reifeprozess.

Die Herstellung

Im Spätherbst wird die Trebbiano-Traube von Hand gelesen und in die Essigmanufakturen rund um Modena gebracht. Der Most, zu dem die Trauben gepresst wurden, wird im Freien über offenem Feuer rund 20 Stunden lang eingekocht, um alle Bakterien und Pilzsporen unschädlich zu machen. Dabei wird er um ein bis zwei Drittel reduziert und, sobald er abgekühlt ist, in spezielle Fässer gefüllt.

Das Geheimnis des Fasses

Sein charakteristisches Aromen gewinnt der Balsamico tradizionale durch die langsame Reifung in Fässern unterschiedlicher Größe und Holzart. Das größte Fass, in das der junge Most zunächst gefüllt wird, fasst 60 l und ist aus Eiche. Im Lauf der Jahre wird der Most dann in kleinere Fässer aus Kastanienholz (50 l), Kirschholz (40 l), Esche (30 l) und Maulbeerbaum (20 l) umgefüllt. Wichtig ist dabei, dass der Most immer atmen kann, denn nur durch Sauerstoffkontakt sowie durch natürliche Temperaturschwankungen wird die Umwandlung des Mosts in Essig in Gang gesetzt. Traditionell stehen die Fassbatterien auf dem Dachspeicher, wo sie den unterschiedlichen Temperaturen gut ausgesetzt sind. Die Fenster der Lagerräume sind unverglast und nur mit Stoff verhängt. Das heikle Umfüllen von einem Fass in das nächste findet in den Wintermonaten statt. Dabei verbleibt immer ein Rest des alten Essigs in dem Fass, was den »jüngeren« günstig beeinflussen soll.

Ein edler Essig

Diese bis zu 25 Jahren dauernde Prozedur hat ihren Preis. So muss man für das 0,1-l-Fläschchen eines 12-jährigen Balsamico 80 bis 90 Mark rechnen; der 25-jährige kostet das Doppelte. Bei einem derart konzentrierten Produkt reicht allerdings schon eine geringe Menge, um Salat oder Fleisch zu aromatisieren. Warmen Gerichten wird er erst zum Schluss zugefügt, damit sein Aroma voll erhalten bleibt.

Italienische Salate

L'insalata« reicht man in Italien überwiegend nach dem Hauptgang, manchmal auch zum Hauptgang. Er kann aber auch, vielleicht in Begleitung einer »frittata«, leichtes Mittag- oder Abendessen sein. Oder er tritt, nur mit Brot serviert, als »primo« an die Stelle von Pasta oder Risotto.

Übrigens werden in Italien viele Salatsorten nicht nur roh verzehrt; manche, etwa Radicchio, schmecken auch gebraten oder gegrillt ganz ausgezeichnet.

Blattsalate und Zichoriengewächse

Zur Lattichfamilie zählen die zarten Blatt- und Pflücksalate wie Eichblattsalat, Lollo rosso oder biondo sowie die vielen Kopfsalat-Varianten. Sie halten sich allerdings nicht sehr lange und sollten möglichst am Tag des Einkaufs verbraucht werden. Nur der Eisbergsalat hält sich einige Tage im Kühlschrank. Er sollte dazu in angefeuchtetes Küchenpapier und dann in Folie gewickelt werden.

Die Angehörigen der Zichorienfamilie zeichnen sich alle durch eine gewisse bittere Note aus. Dazu zählt die Endivie mit ihrem Verwandten, dem Frisée, aber auch die verschiedenen Radicchio-Sorten sowie Blattzichorien wie Chicorée und Catalogna.

1 Glatte Endivie – formt eine große, flache Rosette. Die breiten Blätter mit dicken Blattrippen halten sich recht lange.

2 Roter Eichblattsalat – wird in Italien häufig angebaut. Schmackhaft, aber ziemlich empfindlich.

3 Grüner Cicorino. Leicht bittere Rosettenzichorie, im zeitigen Frühjahr auf dem Markt.

4 Kopfsalat – fester Kopf mit kräftigen Außenblättern. Geschätzt wegen seines frischen Geschmacks.

5 Frisée mit halbkugeliger Rosette. Durch die Fülle der Innenblätter hat er ein gelbliches Herz.

6 Batavia-Salat – bildet einen Kopf. Ein relativ neuer Eissalattyp. Geschmacklich zwischen Kopf- und Eissalat.

7 Roter Cicorino. Bitter, fast noch beliebter als der grüne, vor allem in Norditalien.

8 Roter Kopfsalat – wird zunehmend auch bei uns bekannt. Seine Blätter sind noch zarter als die des grünen Kopfsalats.

9 Grüner Frisée, auch er hat den leicht bitteren Geschmack der Endiviensalate. Appetitanregend.

10 Catalogna – Blattzichorie mit Strunk und Büscheln löwenzahnartiger Blätter, hoher Bitterstoffgehalt.

11 Lollo biondo – bei uns relativ selten. Zarte, krause Blätter mit kräftigem, leicht bitterem Geschmack.

12 Löwenzahn. Leicht bitter. Man sammelt ihn im Frühjahr, wenn seine Blätter noch zart sind, auf ungedüngten, sauberen Wiesen. Man isst ihn allein oder gemischt mit anderen Salatsorten.

13 Romana, grüne, runde Sorte. Aufrecht wachsend, mit kräftigen Außenblättern und gelblichem Herz.

14 Grüner Eissalat. Bildet feste Köpfe, fleischige, knackige Blätter. Kommt mit Hüllblättern auf den Markt.

15 Lollo rosso – außer in der Farbe kein großer Unterschied zum Lollo biondo. Ernte von Mai bis Oktober.

16 Wilde Rauke, »rucola selvatica«, aus dem Mittelmeerraum. Lange, schmale Blätter, scharf und intensiv im Geschmack.

17 Romana, ovale Sorte, bis zu 40 cm hoch, Innenblätter gelblich. Etwas derber, und haltbarer als Kopfsalat.

18 Radicchio di Treviso – längliche Blätter mit dicker weißer Mittelrippe. Kräftiger und leicht bitterer Geschmack.

19 Junge Hopfentriebe, »bruscandoli«. In Italien beliebt, werden blanchiert verwendet, etwa für Risotto.

20 Ölrauke, »rucola aromatica«. Kulturform mit runden, zarten Blättern. Aromatische Würzpflanze.

1
2
3
4
5
6
7
8
9
10
11
12
13
14
15
16
17
18
19
20

Prosciutto

Prosciutto di Parma

Die Produktion von Parmaschinken ist langwierig und aufwendig. Nur die Schweine bestimmter Regionen dürfen dafür verwendet werden, und teilweise verfüttert man an sie die bei der Parmesan-Produktion anfallende Molke, was dem Parmaschinken seine leicht süße Note verleiht. Bei der Schlachtung müssen sie über 10 Monate alt sein und mindestens 140 kg wiegen. Die Trocknungsphase des Parmaschinkens beträgt bis zu zwei Jahren. Nach 7 bis 8 Monaten Reife wird er auf der Fleischseite meist mit gewürztem Schweinefett eingerieben, um eine weitere Austrocknung zu vermeiden.

Prosciutto di San Daniele

Dieser Schinken aus dem Friaul steht dem Parma in nichts nach. Dünn aufgeschnitten, wird er pur oder mit Grissini und eventuell einem Glas Tocai oder Prosecco serviert. Er bekommt durch das Pressen zwischen zwei Holzbrettern seine charakteristische flache Form. Früher war während seiner Reifezeit von 14 bis 16 Monaten der Klimawechsel von kalten Nordwinden und feuchter Adrialuft für sein herrliches Aroma verantwortlich. Heute wird aufgrund der großen Nachfrage der Wechsel von trockener und feuchter Luft auch künstlich in speziellen Klimakammern erzeugt, in denen der San Daniele reift.

Andere Prosciutto-Sorten

Zu nennen wären außerdem: »culatello«, der »prosciutto di Montefeltro« aus den Marken, der besonders magere »aquilano« aus den Abruzzen, der toskanische »casentino« und der aus Friaul stammende »sauris« sowie der Prosciutto aus dem Veneto.

Prosciutto cotto

Gekochten Schinken gibt es in Italien in verschiedenen Sorten. Hergestellt wird

er, wie auch der »crudo«, aus der Hinterkeule des Schweins, wobei der Knochen meist entfernt wird. Vor dem Kochen oder Dämpfen wird der Prosciutto cotto oft mit Kräutern und Gewürzen aromatisiert.

Bresaola

Dieser Schinken ist eine Spezialität aus dem Veltlin. Er wird nicht aus Schweine-, sondern aus magerem, gepökeltem und luftgetrocknetem Rindfleisch hergestellt. Im Gegensatz zum verwandten Bündnerfleisch bleibt Bresaola trotz der Prozedur des Salzens und Trocknens zart und relativ saftig, ist aber auch weniger lange haltbar.

1 Mortadella

Blassrosa und mit weißen Einsprengseln, so kennt sie fast jeder: die große Wurst, die Bologna mit seiner Liebe zu üppigen Speisen alle Ehre macht. Mortadella besteht aus 40 % Fett und 60 % Fleisch. Es gibt sie in verschiedenen Mischungen, aber die beste ist eindeutig die aus purem Schweinefleisch. Das fein gehackte Fleisch sowie die langen Speckstreifen werden in einen Darm gefüllt und in einem Spezialofen langsam gedämpft. Aufschneiden sollte man Mortadella immer sehr dünn. Man isst sie als Antipasto mit Brot, teilweise dient sie auch als Bestandteil von Füllungen. Daneben gibt es Mortadella mit Pistazien sowie solche mit Leber, genannt »mortadella di fegato«.

2 Coppa

Auch die Coppa gehört zur Gruppe der »insaccati«, der »Eingepackten«, also der in Haut gefüllten Würste. Sie wird aus Schweinehals und -nacken hergestellt, gesalzen, in Naturdarm gesteckt und eingebunden und muss dann 4 bis 5 Monate an der Luft reifen.

3 Pancetta und Speck

Pancetta findet in der italienischen Küche für vielerlei Saucen, Suppen und Ragouts Verwendung. Der gepökelte, aber ungeräucherte, milde Schweinebauch wird entweder gerollt, dann meist ohne Schwarte, oder aber flach, »stesa«, mit der Schwarte angeboten. Zunächst wird Pancetta gesalzen, mit Pfeffer und weiteren Gewürzen, etwa Nelken oder zerdrückten Wachholderbeeren, eingerieben und erhält so ein unterschiedliches Aroma. Pancetta gibt es auch luftgetrocknet, »curata«. Der Rückenspeck des Schweins, »lardo« genannt, gibt es mit Kräutern aromatisiert oder auch ohne; er wird zum Beispiel für Saucen verwendet. Lässt man den Speck aus, wird er zu Schmalz und den beliebten »ciccioli«, Grieben, die gepresst und mit Salz, Pfeffer und Lorbeer gewürzt werden.

4 Salsicce

Diese Bratwürste aus relativ grobem Hack sind mal ausschließlich vom Schwein, mal werden auch andere Fleischsorten darunter gemischt. Mal sind sie frisch, mal luftgetrocknet. Man isst sie gebraten zu Pasta oder Reis, sie schmecken aber auch gekocht, gegrillt oder geschmort.

Antipasti – mariniert & eingelegt

Ob eingelegte Paprika oder Pilze, marinierte Muscheln oder Tintenfische – die kleinen Leckerbissen kommen in Italien zu verschiedenen Gelegenheiten auf den Tisch. Eingelegt werden sie entweder in Öl und heißen dann »sott'olio« oder in Essig, dann werden sie »sott'aceti« genannt. Olivenöl ist aber eigentlich immer dabei.

1 Bohnen »Toskanische Art«: Borlotti-Bohnen, mit Kräutern, Tomaten und Senf, eingelegt in Essig und Öl.

2 Steinpilze in Olivenöl: junge, makellose Pilze, in Essig gekocht und mit einem guten Olivenöl aufgefüllt.

3 Knoblauchzehen, eingelegt in Olivenöl: mit Paprika, verschiedenen Kräutern und scharfen Peperoncini gewürzt.

4 Zwiebeln in Aceto balsamico: kleine Zwiebeln, gegart und mariniert mit gutem Balsamico-Essig.

5 Moscardini: kleine vorgekochte Tintenfische, in Olivenöl eingelegt, mit Knoblauch, Kräutern und Salz gewürzt.

6 Scharfe, rote Peperoni: eingelegt in einer speziellen Lake; werden gern für Garnituren verwendet.

7 Melanzane grigliate: gegrillte Auberginen, in Öl und Weinessig eingelegt, mit Peperoncini, Knoblauch und Petersilie gewürzt.

8 Cipolle borettane: Zwiebeln, geschält und gegrillt, in Öl und Weinessig eingelegt, mit Salz und Zucker gewürzt.

9 Gegrillte Champignons: eingelegt in Olivenöl und gewürzt mit Kräutern, Salz, Pfeffer und Knoblauch.

10 Kleine weiße Cannellini-Bohnen: in einer milden, feinwürzigen Tomatensauce serviert, dazu getoastetes Brot.

11 Marinierte Sepiolini: Die kleinen Tintenfische werden vor dem Einlegen in Olivenöl gekocht, mit Knoblauch und Kräutern gewürzt.

12 Funghi di muschio sott' olio: In Essig gekochte Pilze, die dann mit Salz in Olivenöl eingelegt werden.

13 Gegrillte Zucchinischeiben: in Olivenöl und Weinessig eingelegt, mit Peperoncini, Kräutern, Knoblauch und Salz.

14 Peperoni in bagna caôda: Gemüsepaprika, mariniert in Öl, Essig, Milch, Sardellen und Knoblauch.

15 Gekochte Garnelen in Olivenöl: würzig eingelegt mit viel Petersilie und gehacktem Knoblauch.

16 Grüne Olivenpaste: aus entsteinten und pürierten grünen Oliven, vermischt mit Salz, Pfeffer und Öl.

17 In Weinessig eingelegte Peperoni: Gemüsepaprika, mit Salz, einer Prise Zucker und Zitronensäure.

18 Ausgelöste Miesmuscheln: in Olivenöl eingelegt, gewürzt mit Salz, Pfeffer und einer Prise Paprikapulver.

19 Carciofi grigliati: Artischocken, gekocht und gegrillt, mit Peperoncini, Essig, Petersilie und Knoblauch.

20 Große, weiße Bohnen: pikant eingelegt in Öl, mit Tomaten, Knoblauch, Petersilie, Salz und Pfeffer.

21 Sonnengetrocknete Tomaten: in Olivenöl eingelegt, mit verschiedenen Kräutern und Knoblauch.

22 Schwarze Olivenpaste: aus entsteinten schwarzen Oliven, püriert mit Sardellen, Pfeffer und Olivenöl.

Grundrezepte

Man reicht die würzig eingelegten oder marinierten Häppchen in Italien entweder solo als Antipasto oder zusammen mit anderen als gemischte Antipasti. Sauer und vor allem süß-sauer Eingelegtes essen die Italiener gerne zu gekochtem oder gepökeltem Fleisch. Heute kann man viele dieser Produkte auch fertig kaufen, allerdings sollte man darauf achten, keine Billigware zu erwischen, denn minderwertiges Öl und schlechter Essig beeinträchtigen auch die besten Zutaten. Die folgenden Rezepte können für die verschiedensten Gemüse und Früchte verwendet werden.

Mostarda-Früchte

Gemischte Früchte werden geschält, in Stücke geschnitten und in einem Sud aus Zucker und Wasser (im Verhältnis 2:1) gekocht, bis sie weich sind. Festes Obst wie Äpfel oder Birnen erhalten 10 Minuten Vorsprung, bevor weichere Arten wie Feigen oder Melonen hinzukommen. Dann nimmt man die Früchte heraus, lässt sie etwas trocknen und füllt sie in Gläser. Inzwischen kocht man aus 1 Flasche Weißwein und 500 g Honig einen Sirup, unter den man 30 g helles Senfpulver mischt, und gießt diesen über die Früchte.

Steinpilze in Olivenöl

Für 1 kg kleine, junge Steinpilze benötigt man 1 l Weißweinessig, in dem die geputzten, aber nicht gewaschenen Pilze einige Minuten gekocht werden. Anschließend gießt man den Essig ab und lässt die Pilze, in ein Tuch eingeschlagen, abkühlen. Wenn sie trocken sind, füllt man sie in ein Glas, fügt 1 TL Pfefferkörner, 2 Lorbeerblätter sowie etwas Salz hinzu und bedeckt alles mit nativem Olivenöl extra. So halten sich die Pilze monatelang. Nach dieser Methode können auch viele Gemüsesorten konserviert werden.

Süß-saure Zwiebeln

Die kleinen Zwiebeln werden in kochendem Wasser blanchiert, geschält und dann in einem Topf in Butter und Wasser 20 Minuten gegart. Sind sie weich, fügt man auf 1 kg Zwiebeln etwa 1 EL Balsamico oder anderen guten Essig hinzu, außerdem 2 TL Zucker, Salz und Pfeffer. Nun 1 Stunde köcheln lassen, bis die Zwiebeln eine goldbraune Farbe haben. Man kann die fertigen Zwiebeln allerdings nicht sehr lange aufbewahren.

Sott'olio

Das Einlegen in Olivenöl bekommt vielen Lebensmittel ausgezeichnet. Hervorragend etwa schmecken kleine Artischocken in Öl, ebenso gegrillte Zucchini oder Auberginen. Und Steinpilze in Öl oder die kleinen »chiodini«, junge Hallimaschhüte, gewürzt mit Knoblauch und Petersilie, sind eine besondere Delikatesse. Sott'olio selbst einzulegen, ist einfach und bedarf weder eines großen zeitlichen noch finanziellen Aufwands.

Sott'aceti

Die Herstellung von Sott'aceti ist etwas anders. Hier wird das Gemüse zunächst in Salzwasser blanchiert – es sollte noch Biss behalten – und erst dann mit Essigsud übergossen. Man benötigt für 1 kg Gemüse etwa $^1/_2$ l Essig, wobei in der Regel Weißweinessig verwendet wird. Mit ihrer pikanten Note ergeben die Sott' aceti eine gelungene Beilage zu Antipasti oder zu kaltem Fleisch, zu Schinken mit sehr feinem Aroma wie Parma oder San Daniele sind sie allerdings zu sauer.

Mostarda

Bei der italienischen »mostarda«, von der es regional unterschiedliche Typen gibt, handelt es sich um eine aromatisch-scharfe Beilage aus kandierten und in Senfsirup eingelegten Früchten. Sie begleiten gebratenes und gesottenes Fleisch, passen aber auch gut zu Wild. Mostarda ist eine norditalienische Spezialität. Früher wurde neben Senf auch Traubenmost zu ihrer Herstellung verwendet. Produziert wird Mostarda vor allem in der Lombardei, im Veneto sowie in der Emilia. Die Mostarda di Mantua wird in der Regel nur aus einer Fruchtsorte hergestellt, etwa aus Apfel- oder Quittenscheiben, die Mostarda aus Cremona sieht dagegen eine Kombination mehrerer Früchte vor: knackige Äpfel, feste Birnen, aber auch Feigen, Kürbis, Melonen, Kirschen, Pfirsiche und Orangenscheiben. Wichtig nur: Die Früchte dürfen weder zu reif noch zu saftig noch zu süß sein; hartes und leicht säuerliches Obst ist am besten geeignet. Man kann Mostarda allerdings nicht sehr lange aufbewahren.

Sal aus Bohnen und Oliven

Für diesen Salat empfehlen sich die kleinen Cannellini-Bohnen ganz besonders, doch man kann jederzeit auch auf andere Sorten ausweichen.

Zutaten
250 g kleine, getrocknete weiße Bohnen
300 g grüne Buschbohnen
Salz

Für die Vinaigrette
2 Knoblauchzehen
100 g weiße Zwiebeln
5 EL Olivenöl
1 EL Zitronensaft
Schale von 1/2 unbehandelten Zitrone, in feine Streifen geschnitten
2 EL Weißweinessig
Salz, frisch gemahlener Pfeffer
1 EL gehackter Majoran
50 g schwarze Oliven

Außerdem
einige Majoran- oder Minzeblättchen zum Bestreuen

Bohnenkerne über Nacht in Wasser einweichen. Abgießen, die Bohnen in frischem Wasser zum Kochen bringen und bissfest garen. Abgießen und abkühlen lassen. Buschbohnen putzen, schräg in 3 cm lange Stücke schneiden und in kochendem Salzwasser 10 bis 12 Minuten garen. Abschrecken und gut abtropfen lassen.

Für die Vinaigrette Knoblauch und Zwiebeln schälen, fein hacken. Das Öl in einer Pfanne erhitzen, Zwiebeln und Knoblauch farblos darin anschwitzen. Zitronensaft und -schale, Essig, Salz, Pfeffer und Majoran einrühren und die Mischung abkühlen lassen.

Beide Bohnensorten mit den Oliven unter die Vinaigrette mischen und alles etwa 2 Stunden kühl durchziehen lassen. Nach Belieben mit Kräutern bestreut servieren.

Kürbissalat

Wer es gerne etwas schärfer mag, kann die grüne Spitzpaprika, die für die Vinaigrette vorgesehen ist, durch Peperoncini ersetzen.

Zutaten
250 g Moschuskürbis, geschält
250 g Erbsen in der Schote
50 g weiße Zwiebel
2 Knoblauchzehen
120 g grüne Paprikaschote
120 g frischer Schafkäse
100 g Cocktailtomaten
einige Blätter Romanasalat
50 g schwarze Oliven, Salz

Für die Vinaigrette
1 kleine grüne Spitzpaprikaschote
3 EL milder Weißweinessig
1 EL Zitronensaft
Salz, frisch gemahlener Pfeffer
6 EL Olivenöl

Außerdem
1 EL Minzeblättchen, in Streifen geschnitten

Den Kürbis in 1 mm dicke Scheiben, dann in etwa 5 cm lange Streifen schneiden. Erbsen auspalen. Kürbisfleisch 1 Minute in Salzwasser blanchieren, in Eiswasser abschrecken und gut abtropfen lassen. Erbsen 2 Minuten blanchieren, abschrecken und abtropfen lassen.

Zwiebel und Knoblauch schälen, fein hacken. Paprika vom Stielansatz befreien, Samen und Scheidewände entfernen und die Schote in dünne Ringe schneiden. Schafkäse in Stücke bröckeln. Tomaten waschen, vierteln und Stielansatz entfernen. Salatblätter waschen und trocken schleudern.

Für die Vinaigrette Spitzpaprika halbieren, von Stielansatz, Samen sowie Scheidewänden befreien, fein würfeln. Essig, Zitronensaft, Salz und Pfeffer verrühren, bis sich das Salz vollständig gelöst hat. Das Öl unterrühren, die Paprikawürfel untermischen. Abschmecken. Alle Salatzutaten mit den Salatblättern und den Oliven auf 4 Tellern anrichten, mit der Sauce beträufeln, mit Minze bestreuen und servieren.

Frühlingssalat

Zutaten
Hähnchenbrust (etwa 600 g)
80 g Möhre, 80 g Zwiebeln
50 g Petersilienwurzel, 60 g Lauch
50 g Knollensellerie, 1 Lorbeerblatt
Salz, $^{1}/_{2}$ TL schwarze Pfefferkörner
150 g junge Löwenzahnblätter
2 hart gekochte Eier

Für die Artischocken
15 kleine Artischocken mit Stiel (je etwa 150 g)
Salz, Saft von 1 Zitrone

Für die Salatsauce
80 g Zwiebeln
1 EL milder Weinessig
1 EL Limettensaft
1 TL scharfer Senf
$^{1}/_{2}$ TL Salz, frisch gemahlener weißer Pfeffer
1 EL gehackte Kräuter (Petersilie, Basilikum, Pfefferminze)
1 TL gehackte Kapern
4 EL Olivenöl

Möhre, Zwiebeln, Petersilienwurzel, Lauch und Knollensellerie schälen beziehungsweise putzen und grob zerkleinern. Hähnchenstücke und Gemüse in einem entsprechend großen Topf mit kaltem Wasser aufgießen. Zum Kochen bringen, dabei sorgfältig immer wieder den entstehenden Schaum abschöpfen.

Die Hitze reduzieren, die Gewürze einlegen und die Brühe salzen. Die Hähnchenbrüste 25 Minuten bei geringer Hitze garen, herausnehmen und auskühlen lassen. Die Brühe durch ein mit einem Tuch ausgelegtes Sieb gießen und anderweitig verwenden.

Von den Artischocken die Stiele und die stacheligen Blätter entfernen, die bitteren Blattspitzen mit der Schere stutzen und den oberen Teil der Blüte mit einem scharfen Messer abschneiden. Salzwasser und Zitronensaft aufkochen und die vorbereiteten Artischocken darin 10 bis 15 Minuten nicht zu weich kochen. Herausnehmen und abkühlen lassen. Die Blüten längs halbieren und mit einem kleinen Löffel das Heu entfernen.

Löwenzahnblätter putzen und waschen. Eier schälen und quer in Scheiben schneiden. Die Haut der Hähnchenbrüste entfernen und das Fleisch in feine Scheiben schneiden. Artischocken, Eier und Hähnchenfleisch in einer Schüssel vorsichtig mischen.

Für die Salatsauce die Zwiebeln schälen und fein hacken. Essig, Limettensaft, Senf und Salz gut verrühren. Die gehackten Kräuter, Zwiebeln, Kapern, Olivenöl und Pfeffer untermischen. Die Sauce über den Salat gießen und mischen. Im Kühlschrank $^{1}/_{2}$ Stunde durchziehen lassen.

Panzanella

Dieser im Grunde ganz einfache toskanische Brotsalat wird in seiner Heimat traditionell mit dem salzlosen »pane sciocco« zubereitet.

Zutaten
200 g toskanisches Weißbrot vom Vortag
3 bis 4 EL Olivenöl
40 g Frühlingszwiebeln, 1 Knoblauchzehe
200 g Tomaten, 150 g Salatgurke
120 g gelbe Spitzpaprikaschoten

Für die Vinaigrette
2–3 EL Rotweinessig, Salz, frisch gemahlener Pfeffer
5–6 EL Olivenöl
1 EL gehackte Petersilie

Außerdem
100 g Frisée-Salat, 30 g Salat »Barba di frate«
8 in Salz eingelegte Sardellenfilets, 10 g in Salz eingelegte Kapern

Das Weißbrot etwa 2 cm groß würfeln. Das Öl in einer Pfanne erhitzen und die Brotwürfel darin goldgelb und knusprig braten.

Die Frühlingszwiebeln putzen und in feine Ringe schneiden. Die Knoblauchzehe schälen und fein hacken. Die Tomaten vierteln, Stielansätze und Samen entfernen und das Fruchtfleisch in $^1/_2$ cm große Würfel schneiden. Die Gurke etwa 1 cm groß würfeln. Die Paprika von Stielansatz, Samen und Scheidewänden befreien und das Fruchtfleisch quer in $^1/_2$ cm breite Ringe schneiden.

Brot, Frühlingszwiebeln, Knoblauch, Tomaten, Gurke und Paprika in einer Schüssel mischen. Die Zutaten für die Vinaigrette gründlich miteinander verrühren, über die Salatzutaten gießen, durchheben und im Kühlschrank 1 Stunde durchziehen lassen.

Inzwischen den Frisée putzen, waschen, trocken schleudern und in mundgerechte Stücke zerpflücken. Den Barba di frate sorgfältig waschen, etwa $^1/_2$ Minute in Salzwasser blanchieren, in Eiswasser abschrecken und gut abtropfen lassen. Den Brotsalat mit den Friséeblättern, dem Barba di frate, Sardellenfilets und Kapern dekorativ auf Tellern anrichten und servieren.

Catalogna mit Sardellen

Catalogna schmeckt, ähnlich wie Chicorée, deutlich bitter und besitzt recht harte Blätter. Für einen Salat empfiehlt es sich daher, sie zu blanchieren, was sie geschmeidiger macht und ihnen einen Teil der Bitterstoffe entzieht. Servieren kann man sie dann angemacht mit kaltgepresstem Olivenöl und Zitronensaft oder einfach nur mit zerlassener Butter beträufelt.
Die süßlichen »puntarelle«, die Sprossen des Catalogna, werden in Rom, wie im folgenden Rezept beschrieben, als knackige Vorspeise mit einer Vinaigrette serviert, die etwas für Knoblauchliebhaber ist. Die größeren äußeren Blätter, welche die »puntarelle« umgeben, kann man für einen Salat weiterverwenden (nächste Seite).

Zutaten
1–2 Stauden Catalogna- oder Frisée-Salat

Für die Vinaigrette
4 Knoblauchzehen, 8 in Salz eingelegte Sardellenfilets
3–4 EL Weißweinessig (5 % Säure)
Salz, frisch gemahlener Pfeffer
6 EL Olivenöl

Zunächst die Sprossen der Catalogna-Stauden auslösen und schneiden, wie in der Bildfolge unten gezeigt. Für die Vinaigrette die Knoblauchzehen schälen und sehr fein hacken. Die Sardellenfilets ebenfalls fein hacken. Den Essig mit Pfeffer und Salz nach Belieben in einer kleinen Schüssel verrühren, bis sich das Salz völlig aufgelöst hat. Das Olivenöl, den Knoblauch und die Sardellenfilets unterrühren, mit Salz und Pfeffer abschmecken.
Die in Streifen geschnittenen »puntarelle« auf Tellern anrichten und mit der Knoblauch-Sardellen-Vinaigrette beträufeln.

Die »puntarelle« vorbereiten: Aus jeder Catalogna-Staude die Sprosse herausbrechen und den Strunk abschneiden. Die Sprosse waschen, gut abtropfen lassen und der Länge nach in dünne Streifen schneiden.

Catalogna-Salat

Knackige Gemüsesorten wie Möhren oder Paprika passen gut zu dem blanchierten Catalogna-Salat.

Zutaten
600 g Catalogna- oder Frisée-Salat, Salz
80 g Möhren
100 g Zucchini
120 g rote Paprikaschote
2 EL Olivenöl
frisch gemahlener Pfeffer, 4 Eier
125 g Mozzarella, als Bällchen oder gewürfelt

Für die Vinaigrette
1 Knoblauchzehe, Saft von 1 Zitrone
frisch gemahlener Pfeffer, Salz
3–4 EL Olivenöl
1 TL Thymianblättchen

Den Catalogna putzen, dabei die dicken Stiele entfernen. Die Blätter waschen und in mundgerechte Stücke zerteilen. In kochendem Salzwasser 2 bis 3 Minuten blanchieren. Herausnehmen und gut abtropfen lassen.

Die Möhren schälen und in 4 mm große Würfel schneiden. Die Zucchini von Blüten- und Stielansatz befreien und in 3 mm dicke Scheiben schneiden. Die Möhrenwürfel 3 bis 4 Minuten in kochendem Salzwasser garen. Herausheben und abtropfen lassen.

Den Paprika häuten. Dafür die Schote bei 220 °C im vorgeheizten Ofen backen, bis die Haut Blasen wirft. In einer Plastiktüte oder unter einem feuchten Tuch »schwitzen« lassen. Die Haut von oben nach unten abziehen. Die Schote halbieren, von Stielansatz, Samen und Scheidewänden befreien und das Fruchtfleisch in 5 mm große Würfel schneiden.

Das Öl in einer Pfanne erhitzen, die Zucchinischeiben einlegen und von beiden Seiten kurz darin braten, salzen und pfeffern. Die Eier in 6 Minuten wachsweich kochen, kalt abschrecken und schälen, halbieren, salzen und pfeffern.

Für die Vinaigrette den Knoblauch schälen und fein hacken. Den Zitronensaft mit Pfeffer und Salz verrühren, bis sich das Salz gelöst hat. Das Olivenöl unterrühren. Den Knoblauch und den Thymian ebenfalls zufügen, abschmecken.

Die Salatblätter zusammen mit Möhrenwürfeln, Zucchinischeiben und Paprikawürfeln auf Tellern anrichten. Mit halbierten Eiern und Mozzarella garnieren, mit Vinaigrette beträufeln.

Gefüllte Kalbsbrust

Eine Spezialität der Genueser Küche ist die »cima alla genovese«. Hier wird sie mit einer Basilikumsauce und feinen Geleewürfeln serviert.

Zutaten
1 ausgelöste Kalbsbrust mit Tasche (etwa 1,2 kg)

Für die Füllung
200 g Kalbsbries, Salz, 60 g Weißbrot
lauwarme Milch, 80 g Zwiebeln
1 Knoblauchzehe, 300 g Erbsen (ohne Schoten etwa 100 g)
100 g Möhren, 30 g Butter
300 g Schweinefleisch aus der Oberschale, 1 Ei
1 TL gehackte Kräuter (Thymian, Majoran), Pfeffer
20 g frisch geriebener Parmesan
2 hart gekochte Eier (geschält und gehackt)

Für die Brühe
100 g Zwiebeln, 80 g Stangensellerie, 80 g Möhren
50 g Lauch, 1 Lorbeerblatt, 10 schwarze Pfefferkörner, Salz

Für das Gelee
6 Blatt Gelatine
Salz, frisch gemahlener weißer Pfeffer

Für die Basilikumsauce
2 Knoblauchzehen, 10 Pinienkerne, Salz
30 g frische Basilikumblätter, 100 ml Olivenöl
frisch gemahlener schwarzer Pfeffer

Das Kalbsbries für die Füllung in einer Schüssel unter fließend kaltem Wasser etwa 2 Stunden wässern, Haut- und Blutreste vollständig entfernen. Das Bries in leicht kochendem Salzwasser 5 Minuten blanchieren, herausnehmen, abtropfen lassen und 2 cm groß würfeln. Weißbrot in etwas Milch einweichen, ausdrücken.

Zwiebeln und Knoblauch schälen, sehr fein hacken. Erbsen auspalen, in kochendem Salzwasser 3 Minuten blanchieren, herausnehmen, kalt abschrecken und abtropfen lassen. Möhren schälen und $^1/_2$ cm groß würfeln. Zwiebeln und Knoblauch in zerlassener Butter farblos anschwitzen, Möhren bei reduzierter Hitze 5 Minuten mitschwitzen, Erbsen für weitere 2 Minuten zufügen, salzen, pfeffern und abkühlen lassen.

Gefüllte Kalbsbrust

Das Schweinefleisch zweimal durch die feine Scheibe des Fleischwolfs drehen. In einer Schüssel das Hackfleisch mit dem aufgeschlagenen Ei, dem Brot, den Kräutern, Salz und Pfeffer sowie dem Parmesan, dem Kalbsbries, dem Gemüse und den gehackten Eiern vermischen. Die Kalbsbrust mit der Masse füllen, dabei noch etwas Luft lassen, die Öffnung zunähen und das Fleisch außen mit Salz und Pfeffer würzen.

Das Gemüse für die Brühe schälen, putzen und klein schneiden. Genügend Wasser in einem Topf erhitzen, um die Kalbsbrust damit zu bedecken. Gemüse und Gewürze zufügen, zum Kochen bringen und die Hitze reduzieren. Ein Baumwolltuch um die Kalbsbrust wickeln und zubinden. Das Fleisch $1\frac{1}{2}$ Stunden in der Brühe köcheln lassen, herausnehmen, auf eine Platte legen, mit Gewichten beschweren und über Nacht im Kühlschrank abkühlen lassen. 400 ml Brühe abmessen, durchpassieren und erkalten lassen.

Für das Gelee 6 Blatt Gelatine etwa 10 Minuten in kaltem Wasser einweichen. Die abgemessene, erkaltete und passierte Brühe in einen Topf gießen und erhitzen. Die Gelatine darin auflösen, mit Salz und Pfeffer würzen, in eine quadratische Form (etwa 20 mal 20 cm) gießen und im Kühlschrank erstarren lassen. Die Form kurz in heißes Wasser tauchen, stürzen und das Gelee 1 cm groß würfeln.

Für die Basilikumsauce die Knoblauchzehen schälen, klein schneiden, mit Pinienkernen und Salz im Mörser zerstoßen. Die Basilikumblätter in Stücke schneiden und mit der Mischung zerreiben, bis eine cremige Masse entsteht. In eine Schüssel umfüllen und das Öl nach und nach unterrühren, salzen und pfeffern.

Die Kalbsbrust aus dem Tuch wickeln, in Scheiben schneiden, auf Tellern anrichten, mit Geleewürfeln und etwas Basilikumsauce servieren, die restliche Sauce separat dazu reichen.

Tipp
In die Kalbsbrust sollte man am besten schon vom Metzger eine Tasche schneiden lassen, denn dies ist für Ungeübte nicht ganz einfach.
Das für 10 bis 12 Portionen berechnete Gericht schmeckt übrigens auch warm hervorragend, wenngleich es kalt – gut durchgezogen – noch aromatischer ist.
Wer möchte, würzt das Gelee zusätzlich mit 4 cl Madeira, weißem Portwein oder einem kräftigen Muskateller.

Crostini

Crostini mit Olivenpaste, mit einigen Tomatenwürfelchen garniert, schmecken als Antipasto ganz hervorragend. Kleinere Crostini isst man auch gerne mit einer Auflage aus Geflügelleber, Fleisch oder Fisch.

In der einfachsten Version von Crostini treffen nur Brot und Öl aufeinander. Hinzukommen können die Aromen von Knoblauch und Tomaten, Oliven oder Kräutern. Doch sollte man sich von der Schlichtheit der Zutaten nicht täuschen lassen: Je direkter und unverfälschter ihr Aroma zu schmecken ist, desto mehr kommt es auf die Qualität an – am besten sind kräftiges Landbrot, Olivenöl frisch aus der Presse, dickflüssig und grün, und sonnengereifte Tomaten. In Italien gibt es eine ganze Gruppe von Antipasti mit Brot, bei denen eins immer gleich ist: ein pikanter Belag auf krossem Brot. Im Original über Holzkohleglut geröstet, können die Brotscheiben jedoch auch im Ofen oder im Toaster gebräunt werden. Für die rustikalen »bruschette« kommen neben Öl die unterschiedlichsten Auflagen in Frage: Bottarga (getrockneter Rogen der Meeräsche), Ricotta, eingelegte Gemüse oder auch Kräuter.

Crostini mit Olivenpaste

Zutaten

4 Sardellenfilets in Salz, 1 EL Kapern in Salz
200 g schwarze Oliven, entsteint, 1 getrockneter Peperoncino
$^1/_2$ TL Fenchelsamen, 5 EL Olivenöl
1 EL Zitronensaft
frisch gemahlener schwarzer Pfeffer, Salz
12 Scheiben Weißbrot mit kräftiger Krume
150 g gewürfeltes Tomatenfruchtfleisch

Die Sardellenfilets und die Kapern kurz in Wasser legen, herausnehmen, abtropfen lassen und grob schneiden. Mit Oliven, Peperoncino (Samen entfernen), Fenchelsamen und Öl im Mixer pürieren. Die Paste mit Zitronensaft und Pfeffer würzen, nach Belieben salzen.

Brotscheiben bei 250 °C im vorgeheizten Ofen in 4 Minuten goldbraun rösten, mit der Olivencreme bestreichen und mit Tomatenwürfeln garniert servieren.

Bruschette mit Tomaten

Wer den Geschmack von Kapern liebt, fügt zu den Tomaten noch 2 TL klein gehackte Kapern in Salz hinzu. In diesem Fall mit beim Salzen aufpassen.

Zutaten
400 g Tomatenfruchtfleisch
2 Knoblauchzehen, geschält
1 Bund Basilikum
Salz, frisch gemahlener schwarzer Pfeffer
2 bis 3 EL natives Olivenöl extra
12 Scheiben italienisches Weißbrot

Tomatenfruchtfleisch klein würfeln. Knoblauch fein hacken, Basilikum bis auf einige Blätter in Streifen schneiden. Alles mit Salz, Pfeffer und Öl mischen. Brotscheiben bei 250 °C im vorgeheizten Ofen etwa 4 Minuten rösten. Die Tomatenmischung darauf verteilen. Mit Basilikum garniert servieren.

Salsa al dragoncello

Dies ist eine würzige Sauce aus Estragon, italienisch »dragoncello«, die gut zu Fisch oder gekochtem Fleisch passt. Man kann die Brotscheiben aber auch ohne sie zu pürieren mit dem Öl und der Kräutermischung als Antipasto servieren.

Zutaten
50 g Weißbrot, in dünnen Scheiben
$^{1}/_{8}$ l natives Olivenöl extra, 3 Knoblauchzehen
2 EL gehackter Estragon
2 EL Rotweinessig
1 TL Aceto balsamico
Salz, frisch gemahlener Pfeffer

Das Brot in ein Gefäß legen und mit dem Öl übergießen. Knoblauch schälen, fein hacken, mit dem Estragon vermischen und über das Brot streuen. Das Gefäß mit Folie verschließen, alles 1 bis 2 Stunden durchziehen lassen, mit Essig, Salz und Pfeffer würzen. Entweder die eingelegten Brotscheiben als Antipasto servieren oder alles mit dem Mixstab pürieren und die »salsa«, nach Bedarf mit Fleischbrühe oder Fischfond verdünnt, zum Hauptgericht reichen.

Weiße Bohnen mit Garnelen

Auch zarte weiße Bohnen, mit Knoblauch und Salbei aromatisiert, serviert mit Tomatenwürfelchen in Olivenöl, schmecken vorzüglich als Antipasto. Vor allem dann, wenn sie noch durch eine gebratene Garnele verfeinert werden. Wer möchte, reicht dazu »bruschette«, geröstete Brotscheiben mit gewürzten Tomaten, Oregano und Sardellen.

Zutaten
150 g weiße Bohnen, 100 g Zwiebeln
100 g Stangensellerie, 3 Knoblauchzehen
4 Salbeiblätter, 400 g Tomaten
1/8 l Olivenöl
Salz, frisch gemahlener weißer Pfeffer
12 Basilikumblätter, in Streifen geschnitten
8 mittelgroße Garnelenschwänze ohne Därme

Außerdem
Basilikumblättchen nach Belieben

Die Bohnen über Nacht in Wasser einweichen lassen. Am nächsten Tag in einem Topf mit frischem Wasser aufgießen, so dass sie gerade bedeckt sind. Zwiebeln und Stangensellerie schälen beziehungsweise putzen. Zwiebeln halbieren, Sellerie in 5 cm lange Stücke schneiden und alles mit Küchengarn zu einem »Bouquet garni« binden. Mit Knoblauch und Salbei zu den Bohnen geben. Die Bohnen 50 bis 60 Minuten bei reduzierter Hitze köcheln lassen, bis sie weich sind. Das Kochwasser abgießen, das Bouquet entfernen und die abgetropften Bohnen in eine große Schüssel füllen.

Die Tomaten in kochendem Wasser blanchieren, abschrecken und häuten. Stielansätze sowie Samen entfernen, das Fruchtfleisch in kleine Würfel schneiden und unter die Bohnen mischen.

Das Olivenöl mit Salz und Pfeffer würzen, bis auf 3 EL mit den Bohnen, den Tomaten und dem Basilikum mischen. Alles etwa 1 Stunde durchziehen lassen.

Die Garnelenschwänze bis auf das letzte Glied schälen. Das restliche gewürzte Öl in einer Pfanne erhitzen und die Garnelen kurz von beiden Seiten darin braten. Die Bohnen auf Teller verteilen, die Garnelen darauf anrichten. Mit Basilikumblättchen garnieren und servieren.

Marinierte Paprikaschoten

Antipasto di peperoni« passt zu vielen Gerichten. Die Zubereitung ist einfach, lediglich das Häuten der Schoten nimmt etwas Zeit in Anspruch. Traditionell werden die Paprikaschoten dafür geröstet, zumal das gleichzeitig zum gewünschten Aroma führt. Wer allerdings eine größere Menge zubereiten will, kann die Schoten auch im Ofen backen. Große dickwandige Paprikaschoten lassen sich auch roh mit einem Schäler von der Haut befreien, allerdings fehlt ihnen dann der typische Geschmack.

Zutaten
300 g rote, grüne und gelbe Paprikaschoten
1 bis 2 Knoblauchzehen, 1 kleiner Bund Thymian
4 TL Aceto balsamico
5 EL natives Olivenöl extra
Salz, frisch gemahlener Pfeffer

Die Paprikaschoten vorbereiten, wie in der Bildfolge unten gezeigt. Die Paprikahälften in große Stücke schneiden und in eine flache Schüssel einschichten. Den Knoblauch schälen, in Scheibchen schneiden und mit dem abgezupften Thymian, etwas Essig, Öl, Salz und Pfeffer vermischen. Die Paprikaschoten mit der Mischung übergießen und mindestens 30 Minuten ziehen lassen. Mit hauchdünn geschnittenem San-Daniele-Schinken, fein gehobeltem Parmesan und schwarzen Oliven ergeben die Paprika einen ausgezeichneten Antipasto. Mit einigen Tropfen Aceto balsamico schmeckt es besonders köstlich!

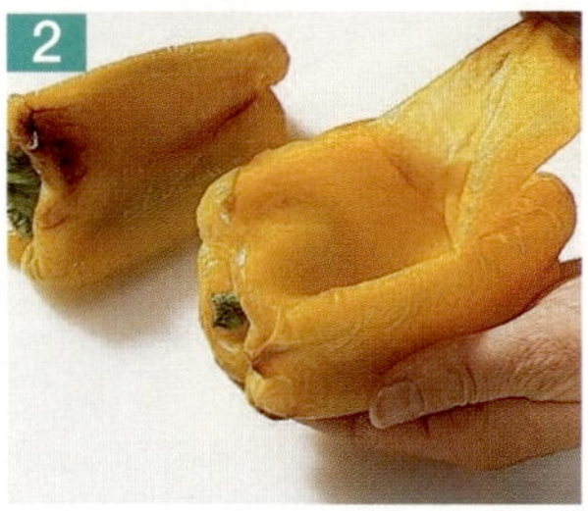

1 Die Paprikaschoten langsam über der Flamme drehen, bis die Haut Blasen wirft. Dann die Schoten in einer Plastiktüte »schwitzen« lassen und die Haut unter fließendem kalten Wasser abreiben.

2 Man kann die Paprika stattdessen auch im vorgeheizten Ofen bei 220 °C backen, bis die Haut Blasen wirft, sie dann »schwitzen« lassen und die Haut anschließend von oben nach unten abziehen.

3 Die Früchte der Länge nach halbieren, dabei das weiche Fruchtfleisch nicht zerdrücken.

4 Stielansatz, Samen und Scheidewände entfernen.

Brokkoli-Sülze

Zutaten
1 Zwiebel, 250 g Möhren, 150 g Knollensellerie
600 g Tafelspitz, 100 g Markknochen
1 Lorbeerblatt, 1 Nelke, 1 Bouquet garni (Suppengrün)
Salz, frisch gemahlener weißer Pfeffer
120 g Zucchini, 200 g Brokkoliröschen
12 Blatt weiße Gelatine

Für die Remouladensauce:
50 g Gewürzgurke, 20 g Kapern
1 hartgekochtes Ei, 1 frisches Ei
$^{1}/_{2}$ TL Zitronensaft, $^{1}/_{2}$ TL scharfer Senf, 175 ml Pflanzenöl
1$^{1}/_{2}$ EL gehackte Kräuter (Kerbel, Petersilie und Schnittlauch)
$^{1}/_{4}$ TL gemahlener weißer Pfeffer, $^{1}/_{2}$ TL Salz, Cayennepfeffer

Außerdem
1 rechteckige Form etwa 35 cm Länge und 1 l Inhalt

Einen großen Topf zu $^{2}/_{3}$ mit Wasser füllen, zum Kochen bringen. Die ungeschälte Zwiebel halbieren und auf der Herdplatte bräunen. 100 g Möhre und 50 g Sellerie schälen und grob zerkleinern. Sobald das Wasser kocht, Tafelspitz, Markknochen, gebräunte Zwiebel, Lorbeerblatt, Nelke, Bouquet garni und das vorbereitete Gemüse hinein geben. Brühe salzen und pfeffern, die Hitze reduzieren und im offenen Topf 1$^{1}/_{2}$ Stunden kochen. Dann das Fleisch aus dem Fond nehmen und abkühlen lassen. Ein Sieb mit einem Passiertuch auslegen und die Flüssigkeit durchseihen. 600 ml davon für das Gelee beiseite stellen.

Zucchini von Blüten- und Stielansatz befreien, restliche Möhren und restlichen Sellerie schälen. Gemüse und Brokkoli in kochendem Salzwasser bissfest garen, herausnehmen, in Eiswasser abkühlen und gründlich abtropfen lassen. Tafelspitz, Zucchini, Möhren und Sellerie in etwa 1 cm dicke Scheiben, dann in 1 cm breite Streifen schneiden. Brokkoliröschen je nach Größe ganz lassen oder halbieren.

Die Gelatine in kaltem Wasser einweichen. Tafelspitzfond erhitzen und mit Salz und Pfeffer abschmecken. Gelatine gut ausdrücken und unter Rühren im heißen Fond auflösen. Die Form erst mit Eiswasser kühlen, dann mit Gelee gleichmäßig 2 bis 3 mm dick ausgießen. Eine Schicht Fleisch und Gemüse einlegen, dabei an den Formwänden ringsum etwa 2 mm frei lassen. Die Schicht mit Gelee begießen und leicht anziehen lassen. So weiterverfahren, bis alle Zutaten aufgebraucht sind. Mit einer Geleeschicht abschließen und die Sülze im Kühlschrank über Nacht völlig erstarren lassen. Vor dem Anrichten die Form kurz in heißes Wasser tauchen, die Sülze auf ein Brett stürzen und wieder kalt stellen. In Scheiben schneiden, auf einer Platte anrichten.

Für die Remouladensauce
Gewürzgurke, Kapern und das hart gekochte Ei hacken. Das frische Ei, Pfeffer, Salz, Zitronensaft und Senf im Mixer auf niedrigster Stufe durchmixen, dabei das Öl langsam zugießen. Die übrigen Zutaten sowie die gehackten Kräuter unterrühren, mit Cayennepfeffer würzen. Remoulade separat zur Sülze reichen.

Artischocken mit Tomaten

Unter den Antipasti bilden diejenigen mit Gemüse eine Familie für sich. Die einfachste Variante ist die Kombination von Gemüse mit Olivenöl, »pinzimonio« genannt. Gutes Olivenöl ist auch bei mariniertem Gemüse unerlässlich, es bringt nicht nur Geschmack, sondern ist auch besonders gesund und leicht verdaulich.
Zunächst die Artischocken vorbereiten, wie auf Seite 54 gezeigt. Gegart werden sie für dieses Rezept in einem speziellen Sud, der ihnen besondere Würze verleiht.

Als »pinzimonio« bezeichnet man Streifen von rohem Gemüse wie Fenchel, Stangensellerie, Möhren, Paprika, Chicorée und andere, die zum Essen in fruchtiges Olivenöl getaucht werden.

Zutaten
6 Artischocken mit Stiel (je etwa 180 g)
Saft von 1/2 Zitrone
40 g Schalotten
60 ml natives Olivenöl extra
1/8 l Weißwein
je 1 Zweig Thymian und Rosmarin
1 Lorbeerblatt
1 1/2 Knoblauchzehen, geschält
Salz, 5 weiße Pfefferkörner
2 EL Rotweinessig
1 TL Thymianblättchen
frisch gemahlener Pfeffer
300 g klein gewürfeltes Fruchtfleisch von Fleischtomaten

Die geputzten Artischocken (siehe Seite 54) längs halbieren, vom Heu befreien und mit Zitronensaft bepinseln. Die Schalotten schälen und fein würfeln. In einem großen Topf 1 EL Öl erhitzen, die Schalotten darin hell anschwitzen, mit dem Wein sowie 1 EL Zitronensaft ablöschen. 1,5 l Wasser zugießen, die Kräuterzweige sowie das Lorbeerblatt einlegen. Eine halbe Knoblauchzehe sowie Salz und Pfefferkörner zufügen, alles zum Kochen bringen.

Die Artischockenhälften einlegen und in 10 bis 15 Minuten nicht zu weich garen, sie sollen noch »Biss« haben. Den Essig, 1 EL des Kochsuds, Thymianblättchen, Salz und Pfeffer vermischen. Eine gewürfelte Knoblauchzehe sowie das restliche Öl unterrühren.

Die abgetropften Artischockenhälften sowie die Tomaten in einer Form mit der Sauce übergießen und vor dem Servieren mindestens 1/2 Stunde ziehen lassen.

Paprika und Bohnen

Paprika mit Knoblauch

Zutaten
je 300 g rote, grüne und gelbe Paprikaschoten
1–2 Knoblauchzehen, geschält
einige Thymianzweige
2 EL Aceto balsamico
80 ml natives Olivenöl extra
Salz, frisch gemahlener Pfeffer

Die Paprikaschoten bei 220 °C im vorgeheizten Ofen backen, bis die Haut Blasen wirft. Unter einem feuchten Tuch oder in einer Plastiktüte »schwitzen« lassen, häuten und die Schoten halbieren. Stielansatz, Samen und Scheidewände entfernen, die Hälften nochmals halbieren. Den Knoblauch in Scheiben schneiden, Thymianblättchen abzupfen, beides mit Essig und Öl verrühren, salzen und pfeffern. Die Sauce über die geviertelten Paprikaschoten gießen und vor dem Servieren mindestens $^{1}/_{2}$ Stunde durchziehen lassen.

Bohnensalat mit Rosmarin

Zutaten
300 g getrocknete weiße Bohnenkerne (wie Cannellini)
Salz, frisch gemahlener weißer Pfeffer
1 TL rote und grüne Peperoncinistreifen, ohne Samen
1 TL fein geschnittene Rosmarinnadeln
30 ml Rotweinessig
1 Messerspitze sehr fein gehackter Knoblauch
80 ml natives Olivenöl extra

Die Bohnen über Nacht in kaltem Wasser einweichen, abgießen. In einem Topf mit frischem Wasser bedecken und zum Kochen bringen. Die Bohnen bei reduzierter Hitze in einer knappen Stunde weich köcheln, wenn sie fast fertig sind, leicht salzen. Abgießen, abtropfen lassen und die Bohnen in einer Schüssel mit Peperoncini und Rosmarin vermengen.

Essig, Salz, Pfeffer und Knoblauch separat mischen, das Öl mit dem Schneebesen einrühren und die Sauce über die Bohnen gießen. Vor dem Servieren 1 Stunde ziehen lassen.

Tomaten mit Käse

Zutaten
600 g Tomaten
100 g weiße Zwiebeln
40 g schwarze Oliven
einige Blättchen Basilikum
Salz, grob zerstoßener schwarzer Pfeffer
Büffelmozzarella
Gorgonzola
frisch gehobelter Parmesan
4–5 EL natives Olivenöl extra

Die Tomaten waschen, vom Stielansatz befreien und quer in etwa 4 mm dicke Scheiben schneiden. Die Zwiebeln schälen und in feine Ringe schneiden. Die Tomatenscheiben auf Tellern anrichten und mit den Zwiebelringen, den Oliven sowie dem Basilikum belegen. Die Tomaten mit Salz und Pfeffer bestreuen.

Mozzarella und Gorgonzola in Scheiben schneiden, zwischen den Tomaten verteilen. Den gehobelten Parmesan nach Belieben darüber streuen und alles mit Olivenöl beträufeln.

Auberginen mit Mozzarella gratiniert

Zutaten
250 g Auberginen, Salz
200 g Tomaten
200 g Mozzarella
4 EL Olivenöl
12 Basilikumblättchen
frisch gemahlener Pfeffer

Die Auberginen putzen und quer in 12 etwa 1 cm dicke Scheiben schneiden. Salzen und die Scheiben zwischen 2 Tellern 1 Stunde stehen lassen. Die Tomaten und den Mozzarella in 12 Scheiben schneiden.

Aubergine trocken tupfen, leicht mit Öl bepinseln und auf dem Grill, im Ofen oder in der Grillpfanne auf jeder Seite 2 Minuten grillen. Die Scheiben auf ein Blech setzen, Tomaten auflegen, mit je 1 Basilikumblatt belegen, salzen und pfeffern. Jeweils mit 1 Scheibe Mozzarella abschließen. Unter dem heißen Grill kurz gratinieren.

Variante: Wer mag, legt zwischen Tomaten und Mozzarella noch ein paar kleine, gekochte Garnelen.

Vitello tonnato

Zutaten
1 kg Kalbsnuss
Salz, frisch gemahlener Pfeffer
30 g Lauch, 50 g Möhre
80 g Zwiebeln, 50 g Knollensellerie
3 EL Olivenöl, $^1/_4$ l Kalbsfond

Für die Sauce
150 g gekochter Tunfisch, 2 Sardellenfilets in Salz
2 Eigelb, 30 g in Salz eingelegte Kapern
2 EL Weißweinessig, 1 EL Zitronensaft
$^1/_8$ l Olivenöl, Salz, frisch gemahlener Pfeffer

Für den Salat
$^1/_2$ Bund Rucola, einige Blätter Frisée-Salat
1 kleiner Radicchio di Treviso

Für die Vinaigrette
1 EL Weißweinessig, 1 EL Aceto balsamico
Salz, frisch gemahlener Pfeffer
30 g fein gehackte weiße Zwiebel
1 EL gehackte glatte Petersilie, 4 EL Olivenöl

Außerdem
1 unbehandelte Zitrone, 1 EL in Salz eingelegte Kapern

Die Kalbsnuss parieren, das heißt Haut und Sehnen entfernen, salzen und pfeffern. Das Gemüse putzen oder schälen und in grobe Würfel schneiden. In einem Bräter das Öl erhitzen. Das Gemüse darin kurz anbraten, die Kalbsnuss darauf legen und das Fleisch bei 180 °C im vorgeheizten Ofen 1$^1/_2$ Stunden braten, dabei immer wieder mit Kalbsfond und Bratensaft übergießen. Den Braten aus dem Ofen nehmen, in Alufolie wickeln und erkalten lassen. Den Bratenfond durch ein feines Sieb passieren und die Flüssigkeit auf etwa 3 EL einkochen lassen.

Den Tunfisch abtropfen lassen und zusammen mit den Sardellen und dem Eigelb in den Mixer geben. Salz von den Kapern abwaschen, abtropfen lassen und mit Essig und Zitronensaft ebenfalls in den Mixer geben, alles fein pürieren. Reduzierten Bratenfond unterrühren, Öl in feinem Strahl einlaufen lassen und untermixen. Mit Salz und Pfeffer würzen.

Den Salat vorbereiten. Für die Vinaigrette beide Essigsorten, Salz und Pfeffer in einer Schüssel verrühren, Zwiebel und Petersilie untermischen und das Olivenöl einrühren.

Die Zitrone waschen, in hauchdünne Scheiben schneiden. Das Kalbfleisch in etwa 4 mm dicke Scheiben schneiden. Das Fleisch mit den Zitronenscheiben auf Teller verteilen, mit einem Teil der Tunfischsauce übergießen und mit Kapern garnieren. Den Salat daneben anrichten, etwas Vinaigrette darüber träufeln. Restliche Tunfischsauce separat reichen.

Gefüllte Sardinen

Selbstverständlich gibt es in einem Land, das eine so lange Küste hat, auch zahlreiche Antipasti mit Fisch und Meeresfrüchten. Zwei Fischarten nimmt man besonders gerne für Antipasti: Sardellen und Sardinen. Frische Sardellen oder Anchovis heißen in Italien »alici«, eingelegt nennt man sie meist »acciughe«. Sardinen hingegen – und um die geht es hier – findet man unter der Bezeichnung »sardelle«, »sarde« oder auch »sardina«.
Gefüllte Sardinen sind eine besondere Delikatesse, die es in verschiedenen Variationen gibt. Auf Sizilien besteht die Füllung aus Brotkrumen, Pinienkernen und Rosinen. In Ligurien bevorzugt man Basilikum pur und in Kampanien Oregano. Hier eine würzige Kombination.

Zutaten
500 g frische Sardinen

Für die Füllung
80 g geriebenes Weißbrot ohne Rinde
50 frisch geriebener Parmesan
2 feingehackte Knoblauchzehen, 1 EL feingehacktes Basilikum
$^1/_2$ EL feingehackter Oregano, $^1/_2$ TL Salz
frisch gemahlener weißer Pfeffer, 2 bis 3 EL natives Olivenöl extra

Die Sardinen auf der Bauchseite aufschneiden und aufklappen. Mittelgräte freilegen, vorsichtig herausziehen und am Schwanzende abtrennen. Den Kopf samt der Mittelgräte abschneiden. Sardinen unter fließend kaltem Wasser gut waschen, abtropfen lassen und mit Küchenpapier trocken tupfen.

Für die Füllung die Brotbrösel mit dem geriebenen Parmesan, dem gehackten Knoblauch sowie den beiden Kräutersorten vermischen und mit Salz und Pfeffer würzen. Diese Mischung mit dem Olivenöl zu einer relativ festen, aber noch formbaren Masse verrühren.

Die Hälfte der aufgeklappten Sardinen mit der Innenseite nach oben auf eine Arbeitsfläche legen und die Füllung gleichmäßig darauf verteilen. Darauf jeweils eine zweite Sardine legen (Innenseite nach unten). Die so gefüllten Sardinen auf ein leicht gefettetes Backblech legen und 10 bis 12 Minuten bei 180 °C im vorgeheizten Ofen gratinieren.

Carpaccio
mit Basilikumsauce

Nicht umsonst hat dieser köstliche Antipasto aus hauchdünnen Scheiben von rohem Fleisch Weltruhm erlangt. Allerdings braucht man ein ausgezeichnetes, gut abgehangenes Stück vom Rind, am besten Filet, das dann zwischen Folie hauchdünn geklopft wird.

Carpaccio vorbereiten: Die mit Olivenöl bestrichenen Filetscheiben zwischen Klarsichtfolie legen und mit dem Plattiereisen hauchdünn plattieren. Die Scheiben auf den mit Öl und Gewürzen vorbereiteten Tellern so anrichten, dass sie sich leicht überlappen.

Zutaten
200 g Rinderfilet
1 bis 2 EL natives Olivenöl extra
Salz, frisch gemahlener weißer Pfeffer

Für die Basilikumsauce
1 EL grob gehackte Basilikumblätter
1 EL Pinienkerne, 1 kleine Knoblauchzehe
1 EL frisch geriebener Parmesan
2 bis 3 EL natives Olivenöl extra

Außerdem
50 g Kartoffelwürfel, 1 TL Butter
je 40 g rote, grüne und gelbe Paprikaschote
frische Kräuter (Basilikum, Sellerieblätter und Kerbel)

Das sorgfältig parierte Rinderfilet in etwa $^{1}/_{2}$ cm dicke Scheiben schneiden. 4 Teller dünn mit Olivenöl ausstreichen, mit Salz und Pfeffer bestreuen. Die Filetscheiben plattieren und anrichten, wie oben rechts gezeigt.

Für die Sauce die Basilikumblätter, Pinienkerne und Knoblauch im Mörser zerstoßen. Mit dem Parmesan sowie dem Olivenöl zu einer glatten Paste verrühren.

Die Kartoffelwürfel in Salzwasser blanchieren, herausnehmen und gut abtropfen lassen. Die Butter in einer Pfanne zerlassen und die Würfel darin goldbraun braten, auf Küchenpapier abtropfen lassen.

Die Paprikaschoten mit dem Kartoffelschäler schälen, Stielansätze, Samen sowie Scheidewände entfernen und das Fruchtfleisch in kleine Rauten schneiden. Die vorbereiteten Fleischscheiben mit der Sauce beträufeln und mit Kartoffel- sowie Paprikawürfeln bestreuen. Mit den Kräutern garniert servieren.

Artischocken alla romana

Zutaten
4 große Artischocken (je 400 bis 500 g), Saft von 2 Zitronen

Für die Füllung
3 Knoblauchzehen, 80 g Schalotten, 1 Bund Petersilie
80 g entsteinte schwarze Oliven
9 EL Olivenöl
2 EL gehackte Pfefferminze, 150 g Semmelbrösel
Salz, frisch gemahlener Pfeffer

Außerdem
Küchengarn, 50 ml Olivenöl
etwa 150 ml Gemüsefond

Die Spitzen der Blätter mit einer Küchenschere stutzen und mit einem scharfen Messer die Spitze der Blüte abschneiden.

Die Hüllblätter der Artischocken entfernen. Von den übrigen Blättern die stacheligen Spitzen abschneiden, wie rechts beschrieben. Die Stiele bis auf 6 cm zurückschneiden, und dünn abschälen.

Jede Artischocke mit Küchengarn über Kreuz zusammenbinden und sofort in eine Schüssel mit Wasser und Zitronensaft legen, damit sie sich nicht verfärben. Die Artischocken kochen und zum Füllen vorbereiten, wie unten beschrieben.

Inzwischen für die Füllung Knoblauchzehen und Schalotten schälen und ebenso wie die Petersilie sehr fein hacken. Oliven grob zerkleinern. Olivenöl in einer Pfanne erhitzen und darin Knoblauch und Schalotten hell anschwitzen. Petersilie, Minze, Semmelbrösel und Oliven unterrühren, salzen und pfeffern.

Die Mischung vorsichtig in die Artischocken füllen und die Blätter wieder etwas zusammendrücken. Das Olivenöl in einem großen Topf erhitzen und die Artischocken dicht nebeneinander mit den Stielen nach oben hineinsetzen. So viel Fond zugießen, dass sie zu $^{1}/_{3}$ in der Flüssigkeit stehen. Bei 180 °C im vorgeheizten Ofen 30 Minuten garen. Sollten die Stiele dabei zu dunkel werden, den Topf mit Alufolie abdecken. Zum Servieren die Artischocken der Länge nach halbieren und auf Tellern anrichten.

1 Die verschnürten Artischocken in sprudelnd kochendem, mit Zitronensaft versetztem Wasser 10 Minuten garen.

2 Mit einem Deckel beschweren, der sie unter der Wasseroberfläche hält. Die gegarten Artischocken kopfüber abtropfen lassen.

3 Das Garn entfernen. Aus den Artischocken mit einer Drehbewegung die Blütenblätter aus der Mitte herausziehen.

4 Mit einem kleinen Löffel das »Heu« aus den Artischockenböden herausheben.

Wildkräut
mit O

Der Löwenzahn und der Sauerampfer für dieses Rezept sind auf Frühlingswiesen leicht zu finden. In Italien liebt man auch Kreationen mit wildem Fenchel, Brennnessel oder Rucola. Löwenzahn erntet man am besten im zeitigen Frühjahr, dann sind die Blätter noch nicht bitter und für den Salat schön zart.

Zutaten
250 g junger Löwenzahn, 100 g Sauerampfer, 40 g Zwiebel

Für die Salatsauce
1 Knoblauchzehe
3 EL Aceto balsamico
2 EL trockener Weißwein
$^1/_2$ TL Salz
6 EL Olivenöl

Außerdem
2 hart gekochte Eier, 1 Tasse entsteinte schwarze Oliven

Löwenzahn und Sauerampfer putzen, gründlich waschen und trocken schleudern. Die größeren Blätter halbieren. Die Zwiebel schälen und fein hacken. Die Wildkräuter in einer großen Schüssel mit der Zwiebel vermischen und in einer flachen Schale oder auf einem großen Teller anrichten.

Für die Sauce den Knoblauch schälen. In einer Schüssel den Aceto balsamico mit dem Weißwein und dem Salz verrühren, bis dieses sich gelöst hat. Knoblauch durch eine Presse dazudrücken. Das Olivenöl einlaufen lassen und alle Zutaten gut miteinander verrühren. Die Sauce mit einem Esslöffel gleichmäßig über die Wildkräuter träufeln, einige Minuten durchziehen lassen. Inzwischen die Eier pellen und grob hacken. Die Oliven der Länge nach vierteln.

Die gehackten Eier auf dem Wildkräutersalat anrichten und die Oliven darüber verteilen. Dazu passt frisches italienisches Landbrot oder Ciabatta.

Nach Geschmack kann man noch einige klein geschnittene Anchovis untermengen, die für zusätzliche Würze sorgen.

Die aromatischen, kleinen schwarzen sizilianischen Oliven, wie auf dem Bild rechts oben zu sehen, verleihen dem Kräutersalat eine würzige Note.

Löwenzahn und Sauerampfer geben bei diesem Salat den Ton an. Wer möchte, pflückt zudem ein paar Bärlauchblätter, dann kann man in der Vinaigrette auf den Knoblauch verzichten.

Frittelle di salvia

Frittierte Salbeiblätter mit einer würzigen Sauce passen gut zum Aperitif. Statt Salbei kann man hier auch Borretsch verwenden.

Für den Teig:
100 g Weizenmehl Type 405
2 Eier, 6 EL Milch
1/2 TL Salz, 1/4 TL frisch gemahlener weißer Pfeffer

Für die Sauce
300 g rote Paprikaschoten, 1 kleiner roter Peperoncino
1 Knoblauchzehe, 1 TL Limettensaft, Salz
frisch gemahlener Pfeffer, 1 TL Paprikapulver, edelsüß

Außerdem
200 g Salbeiblätter oder Borretsch
Öl zum Frittieren, grobes Salz

Aus den angegebenen Zutaten einen glatten Teig rühren. Durch ein feines Sieb passieren, falls sich Klümpchen gebildet haben sollten. Die Salbei- oder Borretschblätter waschen und sehr gut abtropfen lassen.

Für die Sauce Paprikaschoten im vorgeheizten Ofen bei 220 °C backen, bis die Haut Blasen wirft. Herausnehmen und in einer Plastiktüte oder unter einem feuchten Tuch »schwitzen« lassen. Die Haut abziehen. Paprikaschoten und Peperoncino halbieren, Stielansätze, Samen und Scheidewände entfernen. Eine Hälfte der Paprikaschoten sehr klein würfeln, die andere Hälfte im Mixer fein pürieren, Peperoncino fein hacken. Den Knoblauch schälen und ebenfalls fein hacken. Paprikawürfel und -mus in einer Schüssel mit Limettensaft, Peperoncino, Knoblauch, Salz, Pfeffer und Paprikapulver verrühren.

Das Öl auf 180 °C erhitzen, die Blätter einzeln nacheinander in den Teig tauchen und frittieren. Herausnehmen und auf Küchenpapier abtropfen lassen, mit etwas grobem Salz bestreuen und mit der Sauce servieren.

Cima di rapa

Cima di rapa mit feinem Schinken

Zutaten
1 kg Cima di rapa oder Brokkoli
100 g Zwiebeln, 4 Knoblauchzehen
5 EL Olivenöl, 150 ml Kalbsfond
Salz, frisch gemahlener Pfeffer, frisch geriebene Muskatnuss
100 g luftgetrockneter Schinken (etwa Culatello, San Daniele oder Parma)
20 g Butter

Außerdem
frisch gehobelter Parmesan nach Belieben

Zwiebeln und Knoblauch schälen und fein hacken. Die äußeren, großen Blätter des Stängelkohls entfernen. Die inneren Blätter sowie die Röschen vom Strunk lösen und unter fließendem kaltem Wasser gut waschen. Den Kohl in einen Topf füllen, Zwiebeln und Knoblauch darauf verteilen, Öl darüber träufeln, den Fond angießen. Das Ganze bei mittlerer Hitze zugedeckt 10 bis 15 Minuten garen. Mit Salz, Pfeffer und Muskat würzen. Den Schinken in feine Streifen schneiden. Butter in einer Pfanne erhitzen, Schinken darin kross anbraten. Den Cima di rapa mit dem Schinken und dem Parmesan anrichten.

Cima di rapa mit Croûtons

Zutaten
700 g Cima di rapa oder Brokkoli
2 Schalotten, 3 bis 4 kleine Knoblauchzehen
30 ml Olivenöl
Salz, frisch gemahlener weißer Pfeffer
40 ml Kalbsfond
80 g Weißbrot vom Vortag, 20 g Butter
40 g frisch gehobelter Parmesan

Den Cima di rapa vorbereiten, wie im Rezept oben beschrieben. Die Schalotten schälen und in feine Ringe schneiden. Die Knoblauchzehen schälen und in feine Scheiben schneiden. Das Öl in einer Pfanne erhitzen, Schalotten und Knoblauch darin farblos anschwitzen. Den Cima di rapa zufügen, mit Salz und Pfeffer würzen. Den Kalbsfond angießen und den Kohl etwa 10 Minuten bei reduzierter Hitze dünsten.
In der Zwischenzeit das Weißbrot von der Rinde befreien und in Würfel von etwa $^1/_2$ cm Kantenlänge schneiden. Die Butter in einer separaten Pfanne zerlassen und die Weißbrotwürfel darin goldgelb rösten. Knoblauchliebhaber können noch eine Knoblauchzehe schälen, sie durch die Presse zu den Weißbrotwürfeln in die Pfanne drücken und dann beides zusammen rösten. Den Cima di rapa auf vorgewärmten Tellern anrichten, die Croûtons darüber verteilen, mit dem gehobelten Parmesan bestreuen und sofort servieren.

Wer Schwierigkeiten hat, »cima di rapa«, eine hierzulande nicht überall erhältliche Kohlsorte, zu bekommen, kann ersatzweise auf den ähnlichen, etwas milderen Brokkoli zurückgreifen.

Salat mit Muscheln

Zutaten
1 kg kleine Venusmuscheln (Vongole lupini), 30 g Zwiebel
50 g Möhre, 80 g Stangensellerie, 30 g Lauch
1 EL Pflanzenöl, 100 ml Weißwein
1 Lorbeerblatt, 1 Thymianzweig
80 g Apfel, 100 g Cocktailtomaten
150 g Radicchio di Treviso
1 Hand voll Brunnenkresse, Rucola und Sauerampfer
4 Jakobsmuscheln, 20 g Butter, Salz
frisch gemahlener Pfeffer, $^{1}/_{4}$ TL rote Pfefferkörner

Für die Vinaigrette
2 EL Apfelessig, Salz, frisch gemahlener Pfeffer
2 EL Walnussöl, 4 EL Sonnenblumenöl

Die Venusmuscheln unter fließendem kaltem Wasser abbürsten, geöffnete Exemplare aussortieren. Das Gemüse putzen. 30 g Sellerie sowie das restliche Gemüse in $^{1}/_{2}$ cm große Würfel schneiden. Das Öl erhitzen und das Gemüse darin hell anschwitzen. Venusmuscheln zufügen, den Weißwein angießen, Lorbeerblatt sowie Thymian einlegen und die Muscheln zugedeckt 5 bis 6 Minuten garen. Den Muschelfond durch ein Sieb seien und auffangen. $^{2}/_{3}$ der Muscheln auslösen, die restlichen in der Schale belassen. Für die Vinaigrette den Essig, 6 EL Muschelfond, Salz und Pfeffer verrühren, bis sich das Salz gelöst hat. Dann die beiden Ölsorten unterrühren.

Restlichen Sellerie putzen und in etwa 5 cm lange, dünne Streifen schneiden. Den Apfel waschen, vom Kerngehäuse befreien, in Streifen schneiden. Die Tomaten blanchieren, häuten, vierteln, Stielansatz und Samen entfernen. Radicchio in einzelne Blätter zerteilen, diese längs halbieren. Zusammen mit Brunnenkresse, Rucola und Sauerampfer waschen und trocken schleudern.

Die Jakobsmuscheln säubern und öffnen. Mit dem Messer das Muschelfleisch um den grauen Rand herum auslösen. Diesen vom weißen Muskel sowie dem orangefarbenen Corail abziehen. Die Butter in einer Pfanne zerlassen. Muskelfleisch und Corail leicht salzen, pfeffern und von jeder Seite etwa 1 Minute braten. Die Salatblätter mit Jakobsmuscheln und Venusmuscheln auf Tellern anrichten und mit den Venusmuscheln in der Schale garnieren. Mit den roten Pfefferkörnern bestreuen, mit der Vinaigrette beträufeln und servieren.

Glossar

aceto balsamico	Süßlicher, aus Traubenmost hergestellter Essig, der mehrere Jahre in Holzfässern reift
acciughe	In Salz eingelegte Anchovis
alici	Frische Anchovis
blanchieren	Garmethode, bei der die Zutaten für einige Sekunden in kochendes Wasser gegeben und anschließend unter kaltem Wasser abgeschreckt werden, um den Garprozess zu stoppen
borlotti	Weiße Bohnen
bresaola	Schinkenspezialität aus dem Veltlin, die aus magerem, gepökeltem und luftgetrocknetem Rindfleisch hergestellt wird
bruschette	Geröstete und garnierte Brotscheiben, ähnlich den Crostini
cannellini	Kleine weiße Bohnen
capperone	In Öl oder Essig eingelegte Kapernfrüchte
carciofi	Artischocken
carciofi grigliati	Gekochte und anschließend gegrillte Artischocken
catalogna	Salatsorte, ein Zichoriengewächs
ciabatta	Italienisches Weißbrot, mit Olivenöl gebacken
ciccioli	Grieben, die gepresst und mit Salz, Pfeffer und Lorbeer gewürzt werden
cipolle borettane	Geschälte und gegrillte Zwiebeln
coppa	Wurst, die aus Schweinehals und -nacken hergestellt, gesalzen, dann in Naturdarm gesteckt und anschließend getrocknet wird
curato	Luftgetrockneter Schweinebauch mit Schwarte
dragoncello	Estragon
funghi di muschio sott'olio	In Essig gekochte Pilze, die dann mit Salz in Olivenöl eingelegt werden
gorgonzola	Italienischer Blauschimmelkäse
grissini	Knabberstangen aus Weißbrotteig, die zum Aperitif gereicht werden
insaccati	»Eingepackte«, das heißt in Haut gefüllte Würste
melanzane grigliate	Gegrillte Auberginen
mortadella di fegato	Mortadella mit Pistazien oder Leber
moscardini	In Olivenöl eingelegte, kleine vorgekochte Tintenfische, mit Knoblauch, Kräutern und Salz
mostarda	Italienische Spezialität aus kandierten und in Senfsirup eingelegten Früchten
mozzarella	Brühkäse aus sehr festem Teig, der aus entrahmter Büffel- oder Kuhmilch hergestellt wird
pancetta	Gepökelter, aber ungeräucherter, milder Schweinebauch
pane sciocco	Toskanisches Weißbrot ohne Salz
peperoni	Gemüsepaprika
peperoni in bagna caôda	Gemüsepaprika, mariniert in Öl, Essig, Milch, Sardellen und Knoblauch
pinzimonio	Streifen von rohem Gemüse wie Fenchel, Stangensellerie, Möhren, Paprika, Chicorée und andere Sorten in fruchtiges Olivenöl getaucht
prosciutto cotto	Gekochter Schinken, häufig mit Kräutern aromatisiert
puntarelle	Süßliche Sprosse des Catalogna-Salat
salsicce	Frische Bratwürste aus relativ grobem Hack
sardelle, sarde, sardina	Sardinen
sepiolini	Kleine, in Olivenöl gekochte und dann mit Knoblauch und Kräutern eingelegte Tintenfische
sott'aceti	In Essig eingelegtes Gemüse, wird als Antipasto serviert
sott'olio	Ebenfalls ein Antipasto: In Öl eingelegtes Gemüse
stesa	»pancetta stesa« – flacher Schweinebauch mit Schwarte
taggiasca	Kleine, schwarze Olivensorte
tocai	Italienische Weinsorte